1912 . Juin 18

186 Chambre des Commissaires-Priseurs
Envoi à la Bibliothèque Nationale

VENTE

Du Mardi 18 Juin 1912

HOTEL DROUOT, SALLE N° 1

A DEUX HEURES

TABLEAUX

ANCIENS & MODERNES

AQUARELLES, DESSINS, PASTEL

GRAVURES

COMMISSAIRE-PRISEUR

Me HENRI BAUDOIN

EXPERT

M. JULES FÉRAL

CATALOGUE

DES

TABLEAUX ANCIENS

ET MODERNES

Par :

BACKER, J. BAIL, BOUDEWYNS, A. CUYP, B. CUYP, VAN GOYEN
HACKAERT, VAN HELMONT, HERVIER, G. HOET
T. JOHANNOT, LAMBRECHT, O. MARCELLIS, J. MOLENAER
J. NOEL, PILLEMENT, RAFFET, RIBOT
SCHALKEN, SNAYERS, SOMER, A. STEVENS, TAVERNIER, D. TIEPOLO
J. VERNET, ETC., ETC.

AQUARELLES, DESSINS, PASTEL

GRAVURES

DONT LA VENTE AURA LIEU A PARIS

HOTEL DROUOT, SALLE N° 1

LE MARDI 18 JUIN 1912

à deux heures

COMMISSAIRE-PRISEUR

Me HENRI BAUDOIN

Successeur de M. PAUL CHEVALLIER

10, rue de la Grange-Batelière

EXPERT

M. JULES FÉRAL

7, Rue Saint-Georges

PARIS

EXPOSITION PUBLIQUE

Le Lundi 17 Juin 1912, de 1 heure et demie à 6 heures

CONDITIONS DE LA VENTE

Elle sera faite au comptant.

Les adjudicataires paieront *dix pour cent* en sus des enchères.

Paris. — Imp. de l'Art, Ch. Berger, 41, rue de la Victoire

DÉSIGNATION

AQUARELLES, DESSINS

PASTEL, GRAVURES

BURNE (Attribué à Jones)

1 — *Deux Figures drapées.*

Dessin au crayon noir.

Haut., 26 cent.; larg., 45 cent.

HERVIER (L.-A.)

2 — *Vieilles maisons.*

Dessin au crayon noir.

Haut., 29 cent.; larg., 20 cent.

JOHANNOT (Tonny)

3 — *La Visite du cavalier.*

Aquarelle. Signée à droite.

Haut., 26 cent.; larg., 22 cent.

LORIA

4 à 6 — *Statues antiques.*

Trois aquarelles. Signées : *A. Naples.*

Haut., 37 cent.; larg., 26 cent.

MEULEN (Attribué à Van der)

7 — *Portrait d'un cheval.*

Aquarelle gouachée.

Haut., 34 cent.; larg., 29 cent.

MORLAND (D'après G.)

8 — *A tea garden.*

— *Saint-James's park.*

Deux gravures faisant pendants.

Haut., 41 cent.; larg., 48 cent.

NOEL (Jules)

9 — *Vue des environs de Paris.*

Aquarelle. Signée à droite.

Haut., 25 cent.; larg., 36 cent.

PILLEMENT (Jean)

10 — *Bords de rivière.*

Dessin au crayon noir et à l'estompe.
Signé et daté : *1795.*

Haut., 16 cent.; larg., 25 cent.

RAFFET

11 — *Étude de chevaux.*

Aquarelle.

Haut., 24 cent.; larg., 32 cent.

RIBOT (Th.)

12 — *Le Malade secouru.*

Dessin au bistre.

Signé et daté : *1861.*

Haut., 11 cent; larg., 16 cent.

SCHOUMAN

(DEUX PENDANTS)

13 — *Vues de Hollande.*

Aquarelles.

Haut., 25 cent.; larg., 35 cent.

TIEPOLO (Dominique)

14 à 18 — *Compositions allegoriques.*

Cinq dessins à l'encre de Chine et au bistre.

(Ce numéro sera divisé.)

ÉCOLE FRANÇAISE

19 — *Jeune Femme tenant un feuillet de musique.*

Pastel de forme ovale.

Haut., 64 cent.; larg., 52 cent.

ÉCOLE FRANÇAISE

20 — *La Présentation.*

Aquarelle.

Haut., 25 cent.; larg., 18 cent.

ÉCOLE FRANÇAISE

21 — Gravures par ou d'après : Ramberg, C. Vernet, Greuze, Moreau le Jeune.

(Ce numéro sera divisé.)

TABLEAUX MODERNES

BAIL (Joseph)

22 — *Nature morte sur fond de brocart.*

Signé à gauche.

Toile. Haut., 65 cent.; larg., 45 cent.

DUPONT (Ernest)

23 — *La Baigneuse surprise.*

Signé : *E. D.*

Bois de forme ovale.

Haut., 21 cent.; larg., 17 cent

FÉLON (J.)

24 — *Le Printemps.*

Signé à droite.

Bois. Haut., 36 cent.; larg., 24 cent.

STEVENS (Alfred)

25 — *Bergère et animaux au bord de la mer.*

Toile. Haut., 82 cent ; larg., 64 cent.

A figuré à l'Exposition des œuvres de l'Artiste

VERNON (Paul)

26 — *Le Passage du gué.*

Bois. Haut., 20 cent.; larg., 27 cent.

WEISZ (A.)

27 — *La Nymphe endormie.*

Toile. Haut., 63 cent.; larg., 1 mètre.

ECOLE MODERNE

28 — *Portrait d'Homme vêtu de noir et tenant une guitare.*

Toile. Haut., 72 cent.; larg., 60 cent.

ÉCOLE MODERNE

29 — *Les Fauconniers.*

Signé : *E. D.*

Toile. Haut., 80 cent. ; larg., 60 cent.

ÉCOLE MODERNE

30 — *Portrait d'Homme en redingote marron.*

Toile de forme ovale.

Haut., 20 cent.; larg., 15 cent.

TABLEAUX ANCIENS

ALS (P.)

(DEUX PENDANTS)

31 — *Portrait de Femme en corsage blanc avec manteau bleu.*

32 — *Portrait d'Homme en cuirasse.*

Signés derrière la toile.

Toile. Haut., 64 cent.; larg., 50 cent.

AVED (Attribué à Jacques-André)

33 — *Portrait d'un Gentilhomme.*

Toile. Haut., 85 cent., larg., 69 cent.

BACKER (Jacob A.)

34 — *Buste de Femme en corsage vert.*

Bois. Haut., 31 cent.; larg., 25 cent.

BATTONI (Pompée)

35 — *Portrait de Jeune Femme tenant des fleurs.*

Signé sur la manche gauche et daté : *1775.*

Toile. Haut., 72 cent.; larg., 60 cent.

2

BERGHEM (Attribué à NICOLAS)

36 — *Cavalier, bergère et animaux.*

Toile. Haut., 74 cent.; larg., 62 cent.

Cadre en bois sculpté.

BLEEKER (GIRARD-NICOLAS)

37 — *La Halte au bord d'un cours d'eau.*

Signé à droite et daté : *1643.*

Bois. Haut., 42 cent.; larg., 71 cent.

BOSCH (J.)

38 — *Vue de Hollande, effet de lune.*

Signé et daté : *1793.*

Bois. Haut., 48 cent.; larg., 66 cent

BOUCHER (Ecole de)

39 — *La Toilette de Vénus.*

Toile. Haut., 63 cent.; larg. 78 cent.

Cadre en bois sculpté.

BOUDEWYNS (ADRIEN-FRANÇOIS)

40 — *Foire de village.*

Toile. Haut., 60 cent.; larg., 78 cent.

CANALETTO (Attribué à)

41 — *Le Grand Canal à Venise.*

Toile. Haut., 40 cent.; larg. 30 cent

CUYP (Albert)

42 — *Poule et Poussins.*

Signé à droite et daté : *1635.*

Toile. Haut., 55 cent.; larg., 50 cent.

CUYP (Benjamin)

43 — *Poule sur un nid.*

Signé au centre.

Bois. Haut., 46 cent.; larg., 64 cent.

DAVID (Genre de)

44 — *Jeune Femme en buste, en robe blanche avec manteau rouge.*

Peinture moderne.

Toile. Haut., 57 cent.; larg., 45 cent

EISEN (Attribué à Charles)

45 — *Amour sur un nuage et portant un couple de colombes.*

Toile de forme ovale.

Haut., 53 cent.; larg., 45 cent.

FRAGONARD (D'après)

46 — *La Folie.*

Peinture moderne.

Toile de forme ovale.

Haut., 54 cent.; larg., 45 cent.

FRAGONARD (Genre de)

47 — *La Joueuse de vielle.*

Peinture moderne.

Toile. Haut., 38 cent.; larg., 28 cent.

GINDT (Signé B.)

48 — *Intérieur villageois.*

Bon tableau, dans la manière d'ISAAC VAN OSTADE.

Bois de forme ovale.

Haut., 38 cent.; larg., 52 cent.

GIRODET TRIOSON (Attribué à)

49 — *La Nuit.*

Toile. Haut., 2 m. 24 cent.; larg., 1 m. 85 cent.

GOORTE (A.)

50 — *Fruits et botte d'asperges.*

Signé et daté : *1703.*

Toile. Haut., 65 cent.; larg., 52 cent.

GOYEN (Jean Van)

51 — *Entrée de ville au bord d'une rivière.*

Bois. Haut., 28 cent.; larg., 39 cent.

GREUZE (École de)

52 — *Fillette coiffée d'un bonnet.*

Toile. Haut., 40 cent.; larg., 32 cent.

GUÉRIN (Attribué au Baron)

53 — *Buste de Jeune Femme.*

Bois. Haut., 66 cent.; larg., 54 cent.

HACKAERT (Jean)

54 — *Route au bord d'un canal.*

Toile. Haut, 66 cent.; larg., 55 cent.

HELMONT (Mathieu Van)

55 — *Cour de ferme.*

Toile. Haut., 95 cent.; larg., 80 cent.

HOET (Gérard)

56 — *Enfant tenant un bouquet de fleurs.*

Signé et daté : *1635.*

Bois. Haut., 25 cent.; larg., 33 cent.

HONDEKOETER (Attribué à MELCHIOR)

57 — *Poules, oiseaux et cochons d'Inde.*

Toile. Haut., 85 cent.; larg., 72 cent.

JANSSENS (Attribué à JÉROME)

58 — *Fête dans un Palais.*

Toile. Haut., 78 cent.; larg., 1 m. 10 cent.

LAMBRECHT (C.)

59 — *Les Marchands de légumes.*

Toile. Haut., 58 cent.; larg., 48 cent.

LANCRET (École de NICOLAS)

60 — *Le Gentilhomme et le bûcheron.*

Toile. Haut., 34 cent.; larg., 26 cent.

LARGILLIERRE (Attribué à NICOLAS DE)

61 — *Portrait d'Homme en manteau rouge.*

Toile. Haut., 80 cent.; larg., 65 cent.

LEMOINE (École de JEAN-BAPTISTE)

62 — *Danaé recevant la pluie d'or.*

Toile. Haut., 82 cent.; larg., 93 cent.

Cadre en bois sculpté.

LE PRINCE (Attribués à JEAN-BAPTISTE)
(DEUX PENDANTS)

63 — *La Promenade en bateau.*

64 — *La Lanterne magique.*

Chinoiseries.

Dessus de portes en camaïeu rose.

Toiles. Haut., 77 cent.; larg. 17 cent.

Encadrements en bois sculpté.

LE SUEUR (Attribué à)

65 — *Allégorie à la fondation d'une Abbaye.*

Signé et daté : *1686.*

Toile. Haut., 1 m. 35 cent.; larg., 1 m. 05 cent.

LINGELBACH (Attribué à JEAN)

66 — *Le Marché aux chevaux.*

Toile, Haut., 58 cent.; larg., 80 cent.

MABUSE (D'après JEAN DE)

67 — *La Vierge allaitant l'Enfant Jésus.*

Bois. Haut., 28 cent.; larg., 22 cent.

MARCELLIS (Otto)

68 — *Plantes, insectes, reptiles.*

Signé à droite et daté : *1664.*

Toile. Haut., 80 cent.; larg., 1 mètre.

MICHEL (Georges)

69 — *Le Moulin, Effet d'orage.*

Toile. Haut., 28 cent.; larg., 35 cent.

Exposition centennale de 1889.

MOLENAER (Jean)

70 — *La Partie de jacquet.*

Bois. Haut., 33 cent.; larg. 26 cent.

MOLENAER (Attribué à Jean-Miense)

71 à 75 — *Les Cinq sens.*

Suite de cinq tableaux.

Toiles. Haut, 27 cent.; larg., 23 cent.

MOLENAER (Attribué à Jean-Miense)

76 — *Le Retour de l'Officier.*

Bois. Haut., 30 cent.; larg, 35 cent.

MORO (Attribué à ANTONIO)

77 — *Portrait de Philippe II d'Espagne.*

Bois. Haut., 43 cent.; larg., 34 cent.

A figuré à l'Exposition des Tudor en 1890.

MURILLO (Attribué à)

78 — *Saint Jean-Baptiste.*

Toile. Haut., 1 m. 30 cent. ; larg., 1 m. 02 cent.

NETSCHER (Attribué à GASPARD)

79 — *Portrait de Femme en corsage blanc et manteau bleu.*

Toile carrée à vue ovale.

Haut., 70 cent.; larg., 55 cent.

OSTADE (Attribué à ISAAC VAN)

80 — *Scène d'intérieur.*

Bois. Haut., 25 cent.; larg., 32 cent.

OSTADE (École d'ADRIEN VAN)

81 — *La Partie de cartes.*

Signé du monogramme : *R. M. R.*

Bois. Haut., 49 cent.; larg., 62 cent.

OSTADE (École d'Adrien Van)

82 — *Foire de village.*

Bois. Haut., 40 cent.; larg., 56 cent.

OSTADE (École d'Adrien Van)

83 — *Le Repas des Villageois.*

Bois. Haut., 18 cent.; larg., 24 cent.

Cadre en bois sculpté.

PANINI (Attribué à)

84 — *Ruines et Figures.*

Toile. Haut., 95 cent.; larg, 1 m. 30 cent

POURBUS (École de)

85 — *Un Jeune Gentilhomme tenant une noix.*

Toile. Haut., 38 cent.; larg., 31 cent.

RAMSAY (Attribué à Allen)

86 — *Portrait de Jeune Femme en corsage noir à crevés.*

Toile. Haut., 76 cent.; larg., 63 cent.

REMBRANDT (École de)

(DEUX PENDANTS)

87 — *Bustes de Femmes.*

Bois. Haut., 30 cent.; larg., 22 cent.

Cadres en bois sculpté.

RIGAUD (D'après)

88 — *Portrait du Comte de Toulouse*

Toile. Haut., 1 m. 35 cent.; larg., 1 m. 02 cent.

ROMAIN (Attribué à JULES)

89 — *Bacchanales.*

Grisaille.

Toile. Haut., 70 cent.; larg., 1 m. 05 cent.

ROMNEY (D'après)

90 — *Portrait de Jeune Fille avec un chien.*

Toile. Haut., 1 m. 25 cent.; larg., 1 m. 02 cent.

ROSA (Attribué à SALVATOR)

91 — *Paysage montagneux.*

Toile. Haut., 73 cent.; larg., 1 m. 20 cent.

SCHALKEN (Godefroy)

(deux pendants)

92 — *Jeune Femme pinçant du luth.*

93 — *Jeune Homme jouant de la clarinette.*

Effets de lumière.

Toiles. Haut., 19 cent.; larg., 17 cent.

SNAYERS (Pierre)

94 — *Scène de camp.*

Bois. Haut., 47 cent.; larg., 63 cent.

SNYDERS (Attribués à François)

(deux pendants)

95 — *Oiseaux de proie et canards.*

96 — *Concert d'oiseaux.*

Toile. Haut., 1 m. 70 cent.; larg. 2 m. 40 cent.

SOMER (Paul Van)

97 — *Portrait présumé de Lord Falkland.*

Toile. Haut., 1 m. 18 cent.; larg., 90 cent.

STEEN (Attribué à JEAN)

98 — *La Leçon de clarinette.*

Bois. Haut., 33 cent.; larg., 26 cent.

SUSTERMANS (Attribué à J.)

99 — *Portrait d'un Jeune Prince en armure.*

Toile. Haut., 48 cent.; larg., 38 cent.

TARAVAL (Attribué à)

100 — *Composition mythologique.*

Toile Haut., 95 cent.; larg., 1 m. 30 cent.

TAVERNIER

(DEUX PENDANTS)

101-102 — *Sujets mythologiques.*

Signés et datés : *1766.*
Toiles de forme ronde.

Diam., 48 cent.

TENIERS (Attribué à)

103 — *Paysage avec personnages.*

Bois. Haut , 26 cent. ; larg., 35 cent.

TENIERS (Attribué à)

104 — *Singeries.*

Toile. Haut., 32 cent.; larg., 39 cent.

TURNER (Attribué à)

105 — *Château au bord d'une rivière.*

Toile. Haut., 68 cent.; larg., 1 m. 42 cent.

UTRECHT (Attribué à Adrien Van)

106 — *Chiens et oiseau de proie.*

Toile. Haut., 68 cent.; larg., 56 cent.

VAN DYCK (Attribué à Antoine)

107 — *Portrait d'un Gentilhomme appuyé sur un livre.*

Toile. Haut., 73 cent.; larg., 62 cent.

VAN DYCK (École de)

108 — *Portrait de Femme en robe rouge, accoudée sur un tertre.*

Toile. Haut., 1 m. 27 cent.; larg., 1 m. 02 cent.

Cadre en bois sculpté.

VELASQUEZ (D'après)

109 — *Portrait de Philippe IV.*

Toile. Haut., 62 cent.; larg., 50 cent.

VERNET (Joseph)

110 — *Le Retour de la pêche.*

Effet de soleil couchant.

Signé et daté : *1762*.

Toile. Haut., 56 cent.; larg., 91 cent.

111 — *Le Coup de vent.*

Signé à droite.

Toile. Haut., 67 cent.; larg., 95 cent.

ÉCOLE ANGLAISE (XVIIIe siècle)

112 — *L'Amour endormi.*

Toile. Haut., 45 cent.; larg., 35 cent.

ÉCOLE ANGLAISE

113 — *Portrait de Femme coiffée d'un chapeau de paille garni de ruban bleu.*

Toile. Haut., 80 cent.; larg., 65 cent.

ÉCOLE ANGLAISE

114 — *Portrait de Jeune Fille en robe bleue.*

Toile. Haut., 62 cent.; larg., 52 cent.

ÉCOLE FLAMANDE (XVIIe siècle)

115 — *Portrait d'un Comte Palatin.*

Toile. Haut., 60 cent.; larg., 50 cent.

ÉCOLE FLAMANDE (XVIIe siècle)

116 — *Gentilhomme suivi d'un jeune garçon portant un panier sur la tête.*

Cuivre. Haut., 13 cent. 1/2; larg., 9 cent.

ÉCOLE FLAMANDE (XVIIIe siècle)

117 — *Nymphes au repos dans un paysage.*

Toile. Haut., 62 cent.; larg., 87 cent.

ÉCOLE FLAMANDE

118 — *La Vierge portant l'Enfant Jésus.*

Bois. Haut., 35 cent.; larg., 26 cent.

ÉCOLE FLORENTINE (XVe siècle)

119 — *Deux Saints couronnés de roses.* Fond d'or.

Bois. Haut., 60 cent.; larg., 38 cent.

ÉCOLE FRANÇAISE (XVIe siècle)

120 — *Petit Portrait d'Homme à mi-corps.*

Bois. Haut., 16 cent.; larg., 12 cent.

ÉCOLE FRANÇAISE (XVIIIe siècle)

121 — *Portrait de Femme en corsage vert.*

Toile de forme ovale.

Haut., 60 cent.; larg., 50 cent.

ÉCOLE FRANÇAISE (XVIIIe siècle)

122 — *Portrait de Femme en Diane.*

Toile de forme ovale.

Toile. Haut., 72 cent.; larg., 58 cent.

ÉCOLE FRANÇAISE (XVIIIe siècle)

123 — *Portrait de Femme en travesti.*

Toile. Haut., 55 cent.; larg., 45 cent.

ÉCOLE FRANÇAISE (XVIIIe siècle)

124 — *Flore et l'Amour.*

Dessus de porte.

Toile. Haut., 56 cent.; larg., 88 cent.

ÉCOLE FRANÇAISE (Fin du XVIIIe siècle)

125 — *Jeune Femme nue en buste.*

Toile de forme ovale.

Haut., 75 cent.; larg., 58 cent.

ÉCOLE FRANÇAISE

126 — *Portrait équestre de Henri IV.*

Peinture sur cuivre.

Haut., 23 cent.; larg., 30 cent.

ÉCOLE HOLLANDAISE (XVIIe siècle)

127 — *Perdrix, faisans et objets inanimés.*

Bois. Haut., 61 cent.; larg., 42 cent.

ÉCOLE HOLLANDAISE (XVIIe siècle)

128 — *Oiseaux morts sur une table en partie couverte d'un tapis vert.*

Signé à droite.

Toile. Haut., 39 cent ; larg., 48 cent.

ÉCOLE ITALIENNE (XVIIIe siècle)

129 — *Suzanne et les Vieillards.*

Toile. Haut., 1 m. 65 cent.; larg., 1 m. 80 cent.

ÉCOLE MILANAISE (XVIe siècle)

130 — *La Vierge de douleur.*

Bois. Haut., 35 cent.; larg., 25 cent.

ÉCOLE NÉERLANDAISE (XVIe siècle)

(DEUX PENDANTS)

131 — *Une Apparition de la Vierge.*

132 — *La Halte à la Fontaine.*

Bois. Haut., 68 cent.; iarg , 40 cent.

ECOLE TOSCANE (XVe siècle)

133 — *Saints personnages en méditation.*

— *L'Ensevelissement d'un Martyr.*

Panneau à deux compartiments.

Fond d'or.

Bois. Haut., 1 m. 38 cent.; larg., 60 cent.

ÉCOLE VÉNITIENNE

134 — *Une Fête devant Saint-Georges Majeur.*

Les gondoles sillonnent le canal de Saint-Marc. Devant le porche de l'église, une foule de personnages.

Au fond et à droite, l'entrée de la Giudecca.

Toile Haut., 61 cent.; larg., 76 cent.

135 — Sous ce numéro, qui sera divisé, seront vendus des dessins et tableaux non catalogués.

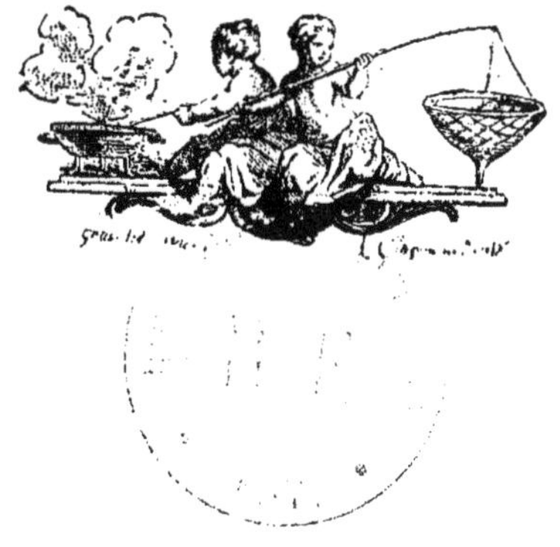

www.ingramcontent.com/pod-product-compliance
Ingram Content Group UK Ltd.
Pitfield, Milton Keynes, MK11 3LW, UK
UKHW022140260726
13993UKWH00005B/2052

9 782329 486444